LOUIS-MARIE MICHON

ÉLOGE

DE

LOUIS-MARIE MICHON

CHIRURGIEN DE L'HÔPITAL DE LA PITIÉ
ET DU LYCÉE LOUIS-LE-GRAND
MEMBRE DE L'ACADÉMIE DE MÉDECINE
PROFESSEUR AGRÉGÉ DE LA FACULTÉ DE MÉDECINE DE PARIS
MEMBRE FONDATEUR DE LA SOCIÉTÉ DE CHIRURGIE
OFFICIER DE LA LÉGION D'HONNEUR, ETC.

Prononcé le 8 janvier 1873

A LA SÉANCE ANNUELLE DE LA SOCIÉTÉ DE CHIRURGIE

PAR LE Dr FÉLIX GUYON

CHIRURGIEN DE L'HÔPITAL NECKER
PROFESSEUR AGRÉGÉ DE LA FACULTÉ DE MÉDECINE DE PARIS
SECRÉTAIRE GÉNÉRAL DE LA SOCIÉTÉ DE CHIRURGIE.

PARIS
TYPOGRAPHIE DE HENRI PLON,
RUE GARANCIÈRE, 8.

1873

ÉLOGE

DE

LOUIS-MARIE MICHON

MESSIEURS,

Le 9 mai 1866, le président de la Société de chirurgie[1] annonçait en ces termes la mort de Michon : « Nous venons de perdre un de nos collègues les plus éminents et les plus aimés. La Société de chirurgie était officiellement représentée à ses obsèques par une députation, mais la plupart de ses membres sont venus porter à Michon un dernier témoignage de leur affection. La volonté de notre collègue étant expresse, aucun discours n'a pu être prononcé ; Michon n'en vivra pas moins dans notre souvenir. »

Ces quelques lignes, que je détache de nos *Bulletins,* contiennent, dans leur concision, le véritable éloge de Michon; notre collègue n'était pas seulement un des membres les plus honorés et les plus

[1] M. Giraldès.

justement estimés de notre Société, il était l'un des plus aimés. Ses collègues étaient, avant tout, ses amis. La modestie, dont il donnait une preuve nouvelle à sa dernière heure, avait été la règle de sa vie. Elle avait ajouté un charme de plus à un rare ensemble de qualités physiques, intellectuelles et morales; tant il est vrai, ainsi que l'a dit La Bruyère, que la modestie est au mérite ce que les ombres sont aux figures dans un tableau : elle lui donne de la force et du relief.

Un visage expressif et doux, aux traits réguliers et fins, éclairé par le regard le plus sympathique et le plus franc; l'extérieur distingué, la parole bienveillante et simple, l'attitude calme, l'intelligence vive et nette, le coup d'œil du chirurgien expérimenté et le tact du praticien habitué à respecter toutes les convenances sociales, la droiture du caractère et la sûreté des relations, telles sont les qualités qui ont distingué Michon. Je ne fais que transcrire, en les énumérant, les communes impressions de tous ceux de ses contemporains, de ses élèves ou de ses clients auprès desquels j'ai cherché et bien facilement trouvé des souvenirs que le temps n'a pas affaiblis.

Heureux et juste privilége des natures droites et simples qui attirent et qui attachent par cela même qu'elles sont pleines de réserve, et semblent ignorer leur mérite, tant elles en font peu montre; qui savent si bien vivre de manière à ne jamais démériter de leur propre estime, qu'elles gagnent l'estime de tous, et obtiennent ainsi la plus belle et la plus enviable des récompenses.

Ce but élevé, Michon l'a complétement et toujours atteint. Sa vie, dont nous allons retracer l'histoire, fut consacrée à la lutte, comme doit l'être la vie de tous ceux qui veulent parvenir par leur mérite. Si ce qu'il désira ne lui fut pas toujours accordé, il a pu du moins sentir que justice était rendue à sa louable ambition, et avoir conscience que ses visées n'avaient pas été trop hautes, puisqu'il resta digne des situations que les circonstances ne lui permirent pas d'occuper.

Louis-Marie Michon est né à Blanzy, le 2 novembre 1802. Son père était médecin, et jouissait dans le pays d'une grande réputation de capacité et d'honorabilité, due non-seulement à une instruction réelle mais à sa conduite courageuse pendant les orages révolutionnaires. Le père de Michon avait fait ses études médicales au régiment du Roi, à Nancy. Camarade d'études de Flamant, il avait renoncé, malgré les sollicitations de son ami, à la carrière de la médecine militaire, pour venir prendre dans son pays la modeste position de médecin de campagne, qui était un héritage séculaire de sa famille. Michon se plaisait, en effet, à raconter que son grand-père était médecin à Montcenis, et qu'il y était mort d'une erreur de pharmacie, empoisonné par du laudanum; que son bisaïeul avait été victime de son dévouement dans une épidémie d'angine, et qu'enfin son trisaïeul était, au même bailliage de Montcenis, barbier et chirurgien; et même, ajoutait-il en souriant, quelque peu amateur des produits de son beau pays de Bourgogne.

Michon devait tenir à ce que ce titre de médecin, qui déjà constituait pour lui une véritable noblesse, et auquel il ajoutait un si pur éclat, ne sortît pas de sa famille. Ce titre est aujourd'hui porté avec honneur par l'un de ses fils, qui s'est soumis aux désirs paternels en obtenant le titre de docteur en médecine, et qui a suivi l'impulsion de ses goûts en donnant à ses études privilégiées la haute consécration du doctorat ès lettres. Je ne saurais mieux honorer la mémoire du père qu'en laissant souvent la parole au fils; je n'aurais pas eu besoin de vous en avertir, car vous auriez, Messieurs, senti percer l'affection filiale dans bien des souvenirs de famille, et reconnu sans peine dans leur narration les qualités de l'écrivain.

Le père de Michon avait pu sauver la vie et conserver la fortune de quelques-uns de ceux de ses compatriotes que poursuivait la Révolution, il ne s'était pas enrichi; il avait même, pour élever sa famille qui devenait nombreuse, dépensé peu à peu son petit avoir; et, bien qu'il eût ajouté la profession de fermier, qui ne rapportait guère, à la profession de médecin, qu'on payait fort peu, il se trouvait embarrassé pour donner à ses fils une éducation qui leur ouvrît les professions libérales. Une position de médecin au Creuzot se présenta et lui permit de subvenir aux frais d'études. Michon passa son enfance au Creuzot. D'une santé délicate, d'un tempérament ardent, il aimait mieux jouer au soldat qu'apprendre à lire. On ne le pressait pas, et sa mère ne se montrait sévère que lorsqu'il rentrait trop tard de la montagne, où il avait conduit une armée dont il était toujours le commandant en chef, rapportant sur son visage et sur ses vêtements les traces trop évidentes de la lutte. C'était la période glorieuse de l'Empire. Michon se sentait entraîné vers la profession des armes, ayant en cela la même vocation que Dupuytren, dont l'influence sur sa carrière chirurgicale devait être si grande. Mais si Dupuytren ne devint chirurgien que par l'autorité qu'on exerça sur lui[1], Michon, adoles-

[1] Voyez Bouisson, Parallèle de Delpech et de Dupuytren, p. 3. In *Contribut. à la chir.*, t. II.

cent, face à face avec son avenir, avait déjà abandonné ses velléités guerrières. « C'est égal, disait-il souvent en racontant ces souvenirs d'enfance qu'il aimait tant à rappeler, je voulais être général; si l'Empire avait duré, j'aurais été tout au moins soldat. »

Cependant, l'exemple des maréchaux qui ne savaient pas lire n'aveuglait pas le père de Michon; un de ses frères, curé d'une petite paroisse voisine, voulut bien se charger de l'enfant et lui apprendre tout ce qu'il savait: à lire, à écrire, le catéchisme et les éléments du latin. Michon se souvenait toujours avec émotion des années qu'il avait passées au presbytère de Saint-Bérain. Il parlait souvent, avec une respectueuse tendresse, de cet oncle, type du bon prêtre de campagne; il l'avait bien d'abord trouvé un peu fier, parce qu'il ne lui permettait pas d'aller courir les champs avec les petits paysans; mais l'oncle fut si bon pour lui, qu'il s'accoutuma bien vite à son studieux isolement, servant la messe le matin, travaillant dans la journée, jardinant le soir, tout aussi préoccupé de bien aligner une planche de pois que de savoir son rudiment.

Ce fut dans le petit jardin du presbytère que Michon prit le goût du jardinage et de l'agriculture, qu'il conserva toute sa vie. Dès qu'il le put, il acheta, dans son pays, une propriété où il faisait, par correspondance, des expériences qui, il l'avouait lui-même, étaient bien souvent des écoles; et, pour joindre la pratique à la théorie, il avait loué, dans le quartier de l'Observatoire, un petit jardin que ses élèves ont tous connu. Chaque dimanche, il y avait un interne de garde au jardin, donnant ses soins aux graines, aux fleurs, aux poules d'espèce rare, aux lapins surtout, que Michon avait entrepris de perfectionner. Michon venait, prescrivait comme à l'hôpital, faisait bêcher, piocher, planter, donnant lui-même l'exemple du travail. Jamais l'élève ne cherchait à se soustraire à cette corvée, parce que le soir il avait sa place à la table de famille, où le chef exact du service, le patron impitoyable du jardin, le recevait avec la cordiale simplicité de l'ami.

Michon termina ses études classiques au collége d'Autun, et fit honneur, par ses succès, à la méthode de son oncle. L'Empire était tombé, l'invasion avait dévasté les campagnes. Le père de Michon était mort, laissant à sa veuve cinq enfants, et, pour les élever, un millier de francs de revenu. C'était le fruit de dix ans de travail et d'économie. Michon rentra dans la famille, tout à fait dégoûté du métier des armes, et ne songeant plus qu'à porter dignement dans la médecine le nom de son père. Il fallut vivre durement; le dévouement de la mère de famille suffit à tout, et, à son exemple, chacun se rendit utile. Michon se souvenait d'avoir râpé des pommes de terre pour mettre dans le pain du ménage. Sa mère était une femme énergique, qui savait lutter contre l'adversité; son influence et le souvenir paternel firent dès ce moment de Michon un homme de devoir et un homme de cœur. Aussi, dans ses causeries intimes, aimait-il à rapporter une grande partie du mérite de son élévation dans la carrière médicale à sa digne mère, pour la mémoire de laquelle il conserva toujours le plus pieux et le plus tendre respect. Le moment de prendre un parti était arrivé; le frère aîné, faute de ressources suffisantes, était devenu officier de santé, et commençait à exercer; le cadet se préparait au notariat, et Mme Michon avait pu, à force de sacrifices, réunir la somme nécessaire au séjour de Michon à Paris. Il partit, ferme et résolu, mais souffreteux et peu vêtu. Son premier camarade fut un étudiant qu'il rencontra en route et qui lui offrit la moitié de son manteau.

Une fois à Paris, Michon commença cette vie de travail sévère et de privations continues qui le conduisit au succès, sans améliorer sa santé. L'amphithéâtre le fatiguait beaucoup; en le voyant si frêle et si maigre, ses condisciples croyaient qu'il ne résisterait pas à ces épreuves. Sa mère le pressait de revenir au pays. Il fut inébranlable et s'attacha avec ardeur à cette profession qui lui coûtait tant de souffrances. Il est bon de présenter aux méditations des jeunes générations ces difficiles et laborieux commencements; de leur montrer que ces prétendues entraves du sort n'empêchent pas le développement des aptitudes, et ne sauraient faire obstacle à la volonté de parvenir. C'est là, d'ailleurs, l'histoire commune de la plupart de ceux qui, dans toutes les professions, se sont élevés à de hautes positions; et dans la médecine en particulier, n'avons-nous pas l'exemple de nos plus illustres maîtres, dont les débuts ont été plus rudes encore? Michon ne parlait jamais des privations qu'il avait endurées que pour dire combien les sacrifices que s'imposait sa mère lui en avaient épargné, et pour rappeler les noms de ses condisciples qui avaient été plus malheureux, et, disait-il, plus méritants que lui.

De bonne heure, Michon se destina à la chirurgie. Sa santé lui aurait conseillé un autre choix. Il fallait, en effet, prolonger pendant de longues années ces études à l'amphithéâtre, pour lui aussi attachantes que pénibles. Mais il éprouvait cette sorte de fascination exercée par le grand génie chirurgical qui régnait à l'Hôtel-Dieu; elle a été partagée par beaucoup d'hommes éminents de sa génération; elle fut chez Michon le caractère et l'inspiration de toute une carrière chirurgicale. Il avait vu Dupuytren. Être l'élève, être l'interne de Dupuytren, telle fut sa suprême ambition.

Au premier concours pour l'internat, il échoua; il fut nommé seulement interne provisoire et bientôt envoyé à Bicêtre. Le gîte et le couvert, c'était un grand soulagement pour sa bourse. Ce fut là qu'il connut l'homme éminent qui fut pour lui l'ami le plus constant et le plus dévoué, M. Littré. Ce fut aussi à cette époque qu'il se lia d'une amitié dont l'intimité dura toute sa vie, avec un des esprits les plus ingénieux et les plus originaux de cette jeunesse médicale, qui, devinant l'évolution de la médecine, s'adonna à la physiologie et à l'histologie, et fut un des précurseurs de l'école moderne, notre regretté maître Natalis Guillot.

L'année suivante, Michon fut nommé interne le onzième. Il aurait désiré un meilleur rang pour obtenir une place chez Dupuytren, qui d'ordinaire se faisait la part du lion dans la promotion. Lorsqu'il adressa timidement sa demande au chirurgien de l'Hôtel-Dieu, celui-ci, après avoir consulté un juge du concours, la lui accorda sans hésiter. Son rêve était réalisé, et pendant trois ans il resta à l'Hôtel-Dieu.

Michon, avec ses élèves, ne tarissait pas sur les souvenirs de son internat. Un jour, au début, Dupuytren faisait une amputation de cuisse sur un malade à peu près exsangue; il demanda un interne pour faire la compression. Michon se présenta résolûment; il venait d'avoir la fièvre, il était pâle, maigre, presque aussi défait que le patient. Dupuytren eut un moment de surprise. — « Savez-vous, Monsieur, lui dit-il, que s'il s'échappe du sang, c'est la mort du malade? — Je le sais », répondit Michon. La compression fut bien faite, et dès ce jour Dupuytren remarqua son énergique et frêle interne.

Les trois années d'internat terminées, Michon alla prendre congé de son chef, qui, donnant une expression bienveillante à sa lèvre dédaigneuse, lui dit : Déjà! Ce « déjà » fut pour Michon la récompense la plus douce. Il y avait de l'affection dans ce mot, et Michon, de toute sa nature ardente et tendre, aimait Dupuytren.

Cette grande personnalité du maître domine toute la vie de Michon. « Nous ne sommes, disait-il souvent en parlant des chirurgiens de sa génération, que la monnaie de Dupuytren. »

Il avait, du reste, pour tous ses maîtres, une reconnaissance, un attachement qui les touchaient et qui lui gagnaient leur amitié. Il avait été recommandé par un camarade de collége à son compatriote, M. Jadioux, médecin éminent, praticien très-répandu, qui le conduisit chez ses malades et commença sa clientèle. Michon témoigna toujours sa respectueuse gratitude à son premier protecteur, et pendant de longues années il soigna, comme l'eût fait un fils, M. Jadioux, atteint de cette terrible maladie dont on ne guérit pas plus qu'on ne meurt, l'hypochondrie.

Michon n'avait jamais oublié non plus la marque d'intérêt que lui avait donnée M. Andral à la fin de ses études médicales. « Qu'allez-vous faire? » lui demandait M. Andral. — « Je ne suis pas encore décidé », répondit Michon, encore partagé entre le désir de retourner dans son pays et sa vocation chirurgicale qui le retenait à Paris. « Eh bien, lui dit M. Andral, » qui avait deviné la position pécuniaire de son élève, » votre chambre est prête chez moi. Venez-y, restez-y, et réfléchissez le plus longtemps possible » avant de vous décider. » Michon n'accepta pas cette hospitalité si délicatement offerte, mais il se sentit toute sa vie l'obligé de M. Andral.

Breschet, Sanson, Moreau, et le maître illustre que nous comptons parmi nos collègues, M. Jules Cloquet, avaient pris M. Michon en affection ; Marjolin et Chomel lui donnèrent une précieuse et douloureuse preuve de leur confiance en le chargeant d'être leur chirurgien dans la terrible maladie, au-dessus des ressources de la chirurgie, qui les emporta tous les deux.

Michon suivit la carrière des concours. Rapidement aide d'anatomie, prosecteur à la Faculté, il fut, à trente ans, nommé chirurgien du Bureau central et professeur agrégé. Il avait, dans ces luttes scientifiques, appris à estimer ses émules, et c'est à cette époque qu'il se lia d'amitié avec Robert, avec Lenoir, avec Danyau, avec M. Monod, avec M. Larrey. Robert, Lenoir et Michon se retrouvèrent bientôt dans les concours pour le professorat. Aucun des trois n'a atteint le but suprême de son ambition. Lenoir y renonça le premier, mais Robert et Michon combattirent jusqu'au bout. Le concours tomba avant leur courage, et l'amphithéâtre de la Faculté se souvient encore de ces brillants tournois où les athlètes qui succombaient, en donnant par leur valeur plus de prix à la victoire, rehaussaient l'éclat de l'École.

Deux fois seulement, dans la période qui s'étend de 1836 à 1852, Michon ne se présenta pas dans la lice. Deux fois ce fut sa santé qui le retint; mais quatre fois il affronta ces grandes et pénibles luttes, et deux fois, en 1848 et en 1851, pour des chaires de clinique chirurgicale, il obtint le plus de voix après celui qui fut nommé.

Quelques jours avant l'ouverture du concours où fut nommé Bérard, Michon fut atteint d'une fluxion de poitrine. Il se remit lentement. Il se crut menacé de phthisie. Il alla demander l'avis de M. Andral, qui n'osa dissiper toutes ses craintes et lui conseilla le repos. Michon quitta Paris, triste, découragé, disant à ses amis qu'il n'y reviendrait probablement plus. Il s'installa chez son plus jeune frère, alors médecin au Creuzot, et ce fut dans ce lieu plein des souvenirs de sa première enfance qu'il se rétablit peu à peu. Une saison au Mont-Dore le remit complétement, et il ne songea plus à ses tubercules.

Quelques années plus tard, un grave accident interrompit sa carrière. Il fut blessé au doigt médius de la main droite, en ouvrant un abcès de mauvaise nature. L'articulation métacarpo-phalangienne fut atteinte, et dès le lendemain se déclarait une arthrite purulente avec phlegmon de la main. L'infection purulente semblait imminente et ses jours étaient en danger. Michon ne se faisait pas illusion sur la gravité de sa situation. Le soir même de sa blessure, il avait quelques confrères à dîner. Il fut gai pendant le repas, mais dans la soirée il fit part à ses convives de ses pressentiments. Le lendemain, il fit appeler M. Monod et le pria d'être son chirurgien; Marjolin suivit avec M. Monod la marche de la maladie. Michon fut plein de résignation, de courage et de docilité, mais lorsque MM. Marjolin et Monod lui firent connaître leur désir d'avoir une consultation, « Je le » veux bien, leur dit-il, mais j'aurai voix délibé- » rante, je vous enverrai mon représentant. » Ce fut M. Littré qui se chargea de cette mission. Roux et Blandin furent appelés. Deux chirurgiens furent pour l'expectative, deux pour l'amputation du doigt. « Je » m'en doutais, dit Michon quand on lui rendit compte » de la consultation, je vais départager les avis. » Il chargea M. Littré de parler en son nom, et après avoir donné ses raisons en chirurgien, il ajouta, en serrant la main de son mandataire : « J'aime mieux » courir la chance de mourir que de renoncer à ma » carrière de chirurgien. » Michon avait eu raison. Il guérit, conservant sa main droite intacte, mais le doigt ne pouvait plus se fléchir. Ce fut alors qu'il fit preuve de cette ténacité que ne laissait pas soupçonner la douceur de son caractère. Chaque soir il se soumettait à de douloureuses manipulations. Il faisait faire des instruments de chirurgie que sa main pouvait saisir, et à mesure que la flexion progressait, il faisait diminuer la grosseur des manches. Enfin il reparut à l'hôpital, opérateur aussi sûr mais moins brillant qu'auparavant.

Il se souvenait avec quelque orgueil de cette

épreuve d'un concours de médecine opératoire où Lenoir et lui avaient distancé leurs compétiteurs de plus de la moitié du temps, et où Lenoir lui-même, l'un des opérateurs qui a laissé la plus grande réputation d'habileté, n'avait été que le second. Michon avait trop d'esprit pour critiquer alors les chirurgiens qui se faisaient un point d'honneur de la rapidité de leur main. Il avait, d'ailleurs, pris une part brillante à l'enseignement de la médecine opératoire qui, dès 1830, se forma à l'École pratique. Cet enseignement, ainsi que le remarquait devant vous M. Broca dans son Éloge de Lenoir, revêtit un caractère moins mécanique et plus chirurgical, de telle sorte que les cours d'*opérations*, dont Lisfranc gardait depuis plusieurs années le monopole à peu près exclusif, devinrent des cours de *médecine opératoire*. Michon avait toujours blâmé la prestidigitation d'amphithéâtre transportée dans la clinique; il n'avait jamais fait la chirurgie au chronomètre, et il disait qu'il continuait à exercer sans scrupule, parce qu'il se croyait en conscience aussi bon chirurgien pour les malades qu'avant son accident.

Très-épris de son art, il était plus porté vers la pratique que vers la recherche scientifique. Il avait de grandes qualités de vulgarisateur, et, dès ses débuts, il aima l'enseignement. Il fit des cours et il écrivit peu[1]. Sympathique, passionné, entraînant, il captivait les élèves par sa bienveillance et se les attachait avant de les instruire. Il éprouvait une joie infinie à se sentir aimé de la jeunesse, et cette popularité de bon aloi, que rehaussait encore l'honorabilité exquise de son caractère, lui suffit pendant longtemps. Ce ne fut qu'à la fin de sa carrière qu'il regretta de ne pas avoir édifié quelque monument durable, sur un terrain plus solide que la mémoire des hommes. Il s'indignait d'entendre dire : « Il ne reste rien de » Dupuytren. » Et cependant il comprenait qu'avec sa génération s'éteindrait en grande partie le prestige de ce grand chirurgien. Il faisait espérer à ses amis et aux siens qu'il écrirait un ouvrage lorsqu'il aurait pris sa retraite. L'espérait-il lui-même? Ne se rendait-il pas compte, par l'exemple de tous, qu'il n'y a pas de retraite pour le chirurgien? Tous ont plus ou moins formé des projets de repos, et presque tous succombent en pleine activité. Certes la transmission écrite de toute une vie de travail et d'étude, dans le calme de l'esprit et dans toute la sérénité de l'âge mûr, serait bien le livre du chirurgien. Mais c'est au milieu même de notre carrière, dans l'incessante

[1] Michon enseigna pendant douze ans, à l'École pratique, l'anatomie, la chirurgie et la médecine opératoire. Depuis 1848 jusqu'à la fin de son exercice dans les hôpitaux, en 1863, il fit des cours de clinique chirurgicale.

activité de nos multiples occupations, qu'il nous faut saisir la plume, sous peine de ne pouvoir plus la prendre. Michon nous a d'ailleurs laissé le meilleur de lui-même, grâce à la fréquentation assidue de vos séances, grâce au zèle que lui inspiraient vos travaux. Nos Bulletins ont recueilli ses opinions et ses avis sur beaucoup de questions importantes de chirurgie; vous y verrez consignés les fruits de son expérience et l'expression de son jugement sage et droit.

Le professorat, l'apostolat, comme il disait quelquefois, voilà ce qui le passionnait. Les cours libres de l'École pratique avaient ouvert sa carrière; l'enseignement libre de la Pitié la ferma. L'auditoire nombreux qui suivait sa clinique, je ne dirai pas le consolait (il avait été trop près d'atteindre le but), mais le dédommageait de n'être pas professeur à la Faculté. Aussi, lorsque vint son tour de passer à l'Hôtel-Dieu, il préféra rester à la Pitié, où il s'était créé une école à lui, plus modeste sans doute, mais qui donnait à son légitime orgueil une satisfaction assez grande pour qu'il renonçât à être, comme l'avait été Dupuytren, chirurgien de l'Hôtel-Dieu.

C'est à l'École pratique, où il professa pendant douze années, à l'hôpital Cochin et à l'hôpital de la Pitié, que de nombreuses générations d'élèves ont connu Michon.

C'est là qu'il n'a cessé de transmettre les plus saines traditions chirurgicales, de donner l'exemple d'une pratique exempte d'entraînements, toujours soucieuse des seuls intérêts du malade, sagement hardie quand les circonstances le commandaient, ingénieuse dans les difficultés et toujours habile. Le diagnostic était sa préoccupation principale ; il le voulait rigoureusement exact et l'exposait tel qu'il le comprenait, sans se ménager la moindre ressource pour avoir encore raison, si par hasard l'opération ou l'examen cadavérique donnait tort à quelques-unes de ses prévisions. Michon, qui avait tant appris de Dupuytren, n'avait pas, on le voit, hérité de cette savante diplomatie qui permettait au grand chirurgien de l'Hôtel-Dieu de toujours conserver l'apparence de sa majestueuse infaillibilité.

C'est à la Société de chirurgie que Michon a le plus donné la preuve de sa haute valeur chirurgicale. Membre fondateur de notre Compagnie, il était, dès la seconde année de son existence, appelé à l'honneur de la présider. La présidence de Michon (1844-1845) fit immédiatement suite à celle d'Auguste Bérard.

Pendant un grand nombre d'années, il n'est pas de discussions auxquelles notre regretté collègue n'ait pris une part active, et ses communications personnelles ont été aussi nombreuses qu'importantes. Je vous demanderai la permission de signaler en particulier celle que vous fit Michon en 1850, à propos d'une tumeur osseuse considérable développée dans le sinus maxillaire. L'observation de ce fait a été publiée dans le tome II de vos *Mémoires*.

Il s'agissait d'un cas absolument insolite, d'une affection encore presque inconnue, car l'observation de Michon est la seconde en date, devant laquelle des chirurgiens éminents s'étaient déclarés impuissants. Michon, après avoir pris votre avis, après avoir bien calculé les difficultés de l'opération, l'entreprit hardiment, la mena laborieusement à bonne fin, et guérit le malade. C'est encore devant vous que Michon porta l'année suivante cette importante observation d'hypertrophie glandulaire siégeant au voile du palais et à la voûte palatine, qu'il enleva par énucléation; cette observation eut le privilége d'attirer définitivement l'attention sur une espèce fort intéressante de tumeurs, aujourd'hui bien étudiées, qui, malgré leur siége profond et leur apparente gravité, peuvent être opérées d'une manière simple et heureuse dans ses résultats.

Michon, on le voit, possédait la véritable hardiesse chirurgicale, celle qui consiste à n'affronter les grandes difficultés que lorsqu'on se sent le moyen de les vaincre : hardiesse sage qui met le chirurgien à l'abri aussi bien des entreprises blâmables qui jettent la défaveur sur l'art et l'opérateur, que des hésitations qui compromettent les chances de salut du malade.

Un autre exemple montrera encore à quelles ingénieuses ressources Michon savait recourir. Dans cette même année 1851, il publia, dans la *Revue médico-chirurgicale de Paris*, un Mémoire sur quelques cas d'autoplastie de la face.

L'autoplastie était pour Michon un sujet privilégié qui tentait son habileté. Il connaissait bien les ressources et les dangers de la réunion immédiate, qu'il avait étudiée dans une publication insérée au *Bulletin de thérapeutique*. Dans les nombreuses autoplasties qu'il avait pratiquées, il avait eu bien des fois à enregistrer de remarquables succès.

C'est dans le Mémoire sur l'autoplastie que se trouve l'observation d'un garçon terrassier, Antoine Arnauld, auquel un garçon boucher, avec lequel il s'était pris de querelle, mordit le nez et enleva complétement la partie saisie avec les dents. Moins heureux que le fameux blessé de Garengeot, le malade de Michon ne rapportait pas à son chirurgien le morceau que s'était bien définitivement approprié son adversaire. Il s'agissait donc de reconstituer le lobule du nez. Michon emprunta à chaque face de la cloison un lambeau de fibro-muqueuse pour combler les perles de substance. L'opération était entièrement nouvelle ; elle réussit complétement. Un des élèves les plus affectionnés de Michon, M. le docteur Pierre, d'Autun, a suivi ce malade avec le plus grand soin. L'opération avait été faite en 1843, et, en 1848, M. le docteur Pierre constatait que ce n'était que par un examen attentif que l'on pouvait reconnaître sur le visage de l'opéré les traces de la main du chirurgien.

Les thèses de chirurgie que Michon a rédigées à propos de ses nombreux concours, et en particulier celles qu'il écrivit en 1841 *sur les opérations que nécessitent les fistules vaginales*, et en 1851 *sur les tumeurs synoviales du poignet et de la main*, constituent des monographies très-souvent consultées.

Michon a été dans son enseignement et dans ses écrits un classique pur, respectueux des grandes traditions et de ceux qui leur avaient donné droit de domicile dans la science. Il ne fut cependant pas ennemi des innovations. Il les encourageait volontiers, lorsqu'il les avait appréciées comme il convient à un chirurgien expérimenté, et ne craignait pas de donner lui-même l'exemple dans la recherche du nouveau. Nous venons de citer l'autoplastie faite avec la *muqueuse* de la cloison du nez. Nous pouvons aussi signaler les applications de l'électricité au traitement de la paralysie de la vessie. Michon a communiqué à la Société de chirurgie, en 1849, des faits remarquables de guérison.

Entré très-tard à l'Académie de médecine, où ses amis l'appelèrent presque sans qu'il y songeât, il jouissait avec une certaine surprise des égards qu'on lui témoignait. Il se sentait déjà malade, et ne voulait point prendre part aux luttes académiques. Une fois, cependant, il se mêla à une discussion chirurgicale sur le traitement de l'anthrax. La déférence avec laquelle on écouta son avis le frappa, et il disait en rentrant chez lui : « C'est singulier, on m'a écouté comme si j'avais une grande autorité. »

Michon a été l'un des médecins les plus répandus et les plus occupés de Paris ; il a laissé chez tous ceux qui ont reçu ses soins le souvenir le plus sympathique. Dans ses relations avec ses clients, avec ses confrères, de même que dans sa vie privée, il apportait le charme de sa nature droite, délicate, et pardessus tout, bienveillante et affectueuse. Sa pratique était heureuse, parce qu'elle était éclairée et attentive; aussi, quoiqu'il fût porté à se défier de lui et à reconnaître sans envie le mérite des autres, était-il estimé à sa juste valeur par les nombreux confrères qui étaient sûrs, en recourant à lui, de trouver de bons conseils et, au besoin, un bienveillant appui.

Michon, qui se souvenait des difficultés de sa jeunesse, avait des habitudes simples; il avait horreur du luxe, et ne se donnait même pas ce qui pour la plupart n'est que le strict confortable. Ce n'était pas par avarice, car son désintéressement était si grand, qu'il le rendait souvent ingénieux pour diminuer ou éviter les honoraires qu'on lui offrait. Généreux et bienfaisant, il ne refusait qu'à lui-même; il se privait d'un tapis ou d'une glace dans sa chambre à coucher (il ne voulut jamais consentir à avoir un salon), mais il payait plusieurs milliers de francs un bélier écossais ou un taureau anglais pour ses fermes modèles.

Tous ses contemporains l'ont connu dans son logement du collége Louis-le-Grand, moitié cloître et moitié prison, où conduisait un antique escalier, très-peu peint, rarement lavé et pas plus souvent éclairé. Il disait aux jeunes médecins, en leur recommandant une installation modeste : « Vous voyez, le luxe ne sert de rien pour la clientèle; on vient bien me chercher ici. » Il savait cependant tout ce qu'il avait sacrifié en se reléguant rue Saint-Jacques. Mais il avait sollicité la place de chirurgien du collége pour donner à ses fils l'éducation publique, sans les priver et sans se priver un seul jour de la vie de famille. Plus tard, professeurs, maîtres, élèves, serviteurs de la maison auxquels il avait pu être utile, tous lui témoignaient depuis de longues années une si respectueuse considération, qu'il ne voulait plus quitter ces vieux murs. Et se rappelant ses longues maladies : « J'espérais, disait-il, mourir dans cette chambre, où j'ai tant souffert. » Il quitta cependant le collége, pour ne pas se séparer de son fils et pour jouir tous les matins des caresses de ses petits-enfants.

Il n'en jouit pas longtemps. Il s'était toujours préoccupé beaucoup de sa santé, sans la soigner jamais. Très-résigné à souffrir et très-impatient de la douleur, il s'était toujours, sans se plaindre, exagéré ses maux. Un rhume était un commencement de phthisie; un malaise, une fièvre pernicieuse; de la dyspepsie, un cancer de l'estomac. Une tache à la peau le rendit si inquiet, que M. Nélaton finit par lui cautériser, sur ses instances, le lobule du nez, ne croyant peut-être pas autant que Michon à la malignité de son cancroïde. Aussi ses amis ne s'effrayèrent-ils pas beaucoup lorsqu'il leur annonça qu'il était atteint d'une affection du cœur. Cependant, les siens s'apercevaient d'un changement fâcheux. Il était devenu mélancolique, excitable. Il ne prenait plus de goût aux choses qui l'avaient passionné toute sa vie. Il n'aimait plus guère la chirurgie, et commençait à douter du succès de ses expériences agricoles. Il semblait par moments souffrir de l'affection qu'on lui témoignait, et repoussait doucement les caresses des siens, comme pour ne pas s'attacher trop à la vie qu'il se sentait près de quitter. Et alors, cette nature autrefois aussi ferme que sensible, ne donnant plus cours à sa tendresse, laissait échapper des signes de maladif attendrissement.

Un jour, en allant voir un malade, il fut subitement frappé de suffocation. Il eut la force de regagner sa voiture, et tomba en rentrant chez lui, haletant, écumant, cyanosé. On crut à une apoplexie pulmonaire; mais la crise se dissipa sans laisser au poumon aucune lésion appréciable. Il se remit, mais il ne considéra sa guérison inespérée que comme un court répit qui lui permettait de dire adieu à ses amis. Tous vinrent le voir, et non-seulement ses amis, mais encore ceux que le combat de la vie avait faits ses adversaires. Une des visites qui le toucha le plus fut celle de Velpeau. Velpeau ne lui avait pas été favorable dans les concours, et Michon, qui toute sa vie n'avait rêvé que le professorat, avait peine à ne pas conserver quelque ressentiment. Cependant, à l'Académie, l'intérêt de la science étant en jeu, il avait, quelques jours avant son accident, défendu contre ses propres amis les idées de Velpeau. Velpeau en avait été touché, et s'était hâté, en apprenant la maladie de Michon, de venir lui serrer la main. Michon, en le voyant entrer, eut un moment de surprise, d'hésitation ; puis tout aussitôt sa figure s'épanouit de la joie de n'avoir plus personne contre qui il conservât un ressentiment. La conversation fut cordiale, affectueuse, entre ces deux hommes que rapprochaient tant d'éminentes qualités de l'esprit et du cœur. Velpeau sortit content, et Michon répéta plusieurs fois que cette visite lui avait fait grand plaisir.

Avant de partir pour la campagne, Michon voulait confier lui-même à ses confrères ses anciens clients. Ce fut pendant une consultation avec Danyau qu'il fut mortellement frappé. « Je vais mal », dit-il à son ami. « Allez voir la malade », ajouta-t-il avec un geste impérieux. Danyau sortit un instant, et lorsqu'il rentra dans le salon, il trouva Michon étendu, atteint d'hémiplégie, ayant toute sa connaissance, mais ayant perdu la parole.

Michon aimait à raconter qu'il avait fait ses débuts dans le monde, arrivant de sa province, invité à dîner par Danyau chez son père. Quarante ans plus tard, ce fut ce même ami qui reçut ses dernières paroles et qui le reconduisit à son lit de mort.

L'agonie dura trois jours. Michon put recevoir les adieux de tous les siens. Ses yeux témoignaient qu'il reconnaissait ceux qu'il aimait, et son calme visage exprimait qu'il savait trouver la force de supporter la séparation.

Il s'éteignit, le 6 mai 1866, avec cette facilité à mourir que donne la conscience d'avoir bien vécu.

www.ingramcontent.com/pod-product-compliance
Lightning Source LLC
LaVergne TN
LVHW021648170726
843501LV00007B/2468

* 9 7 8 2 3 2 9 6 5 2 7 1 9 *